Etxeko animalia ARRISKUTSUAK maite dituztenentzako gida:

DRAGOIAK

Lindsay Hirst  Picarona Alice McKinley

Ongi etorri, irakurle ausart.

Hauxe duzu

Etxeko animalia arriskutsuen gida

Hemen topatuko duzu zure piztia
beldurgarria zaintzeko
jakin beharreko guztia.

Piztia arriskutsu guztien artean
ikaragarriena aukeratu duzu.

Bai...

1. IRUDIA
Arrautza

LIBURUTEGIKO KONTROLA

IZENBURUA:

EGILEA:

DATA | IZENA

DRAGOIA

Dragoiak erraz muturtzen dira, eta zailak izaten dira kontrolatzeko. Hala ere, honako jarraibide sinple bezain garrantzitsuei segituz gero, etxeko animalia maitagarria eta (ia) lagunkoia izatea lortuko duzu.

NOLA TOPATU ZURE DRAGOIA

Dragoiak eskuratzeko bide ugari daude, batzuk besteak baino arriskutsuagoak dira.

Pentsa ezazu ongi nola eta non lortu dezakezun zurea:

GAIZTOEGIA! ✗

HOTZ HANDIA ✗

DRAGOIEN ZINGIRA ✓

BAI!

ADOPTATZEKO ARRAUTZAK

MESEDEZ, adopta itzazu gazteak direnean.
Heldututakoan marmarti hutsak dira
(eta puzkertiak ere bai!).

OHARRA: Dragoikumeek ere puzkerrak botatzen dituzte, baina usaina askoz hobea da.

ZURE DRAGOIARENTZAKO ETXEA

Dragoi-arraza bakoitza bakarra da.

Badira **HANDIAK**...

eta txikiak ere bai.

Atseginak...

eta basatiak.

Aukera ezazu zure etxerako aproposena
eta bizilagunei matraka gehiegi emango ez diena.

NOLA HASI ZURE LAGUN BERRIAREKIN

Zorionekoa bazara, hasiera-hasieratik konponduko zarete ongi.

Hala ere, jende gehienak denbora eta ahalegin handia behar izaten du ongi moldatzeko.

Saiatu bilatzen zure dragoiari zer gustatzen zaion eta zer ez...

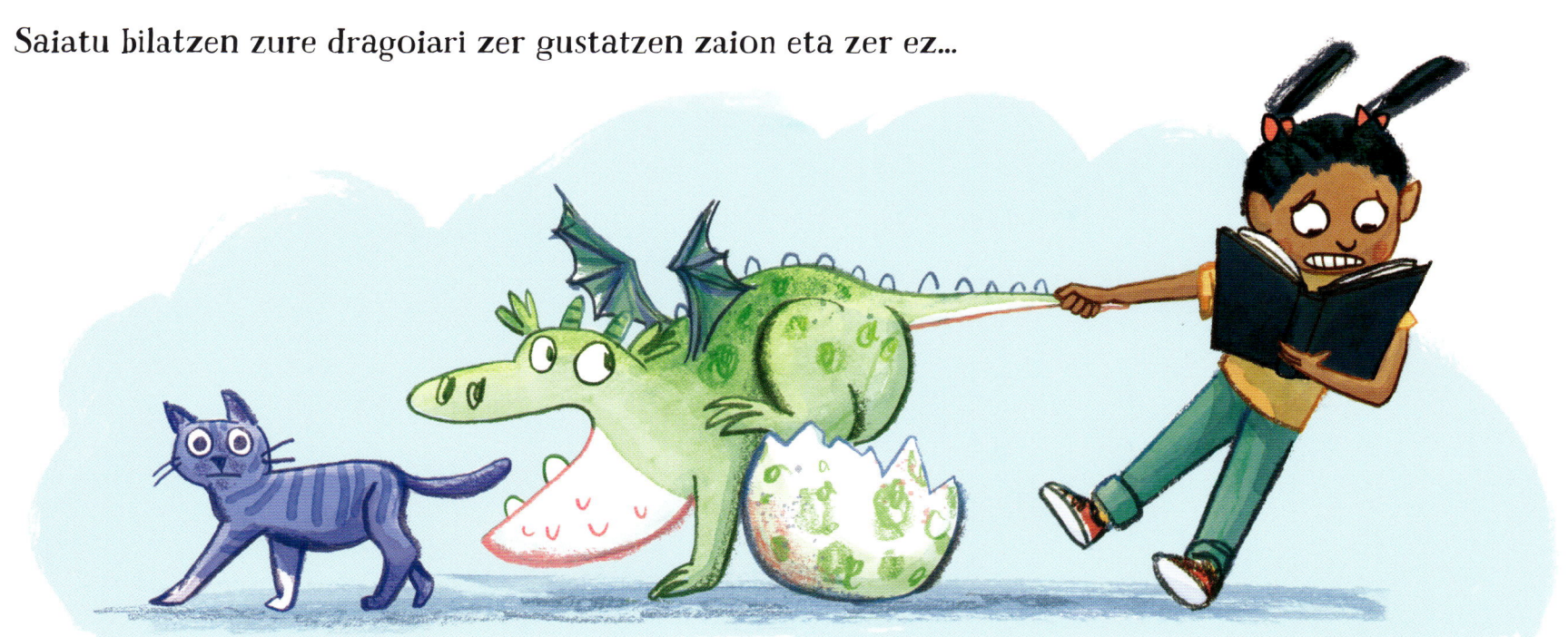

Eta gogoan izan BETI: egon lasai eta izan jatorra.

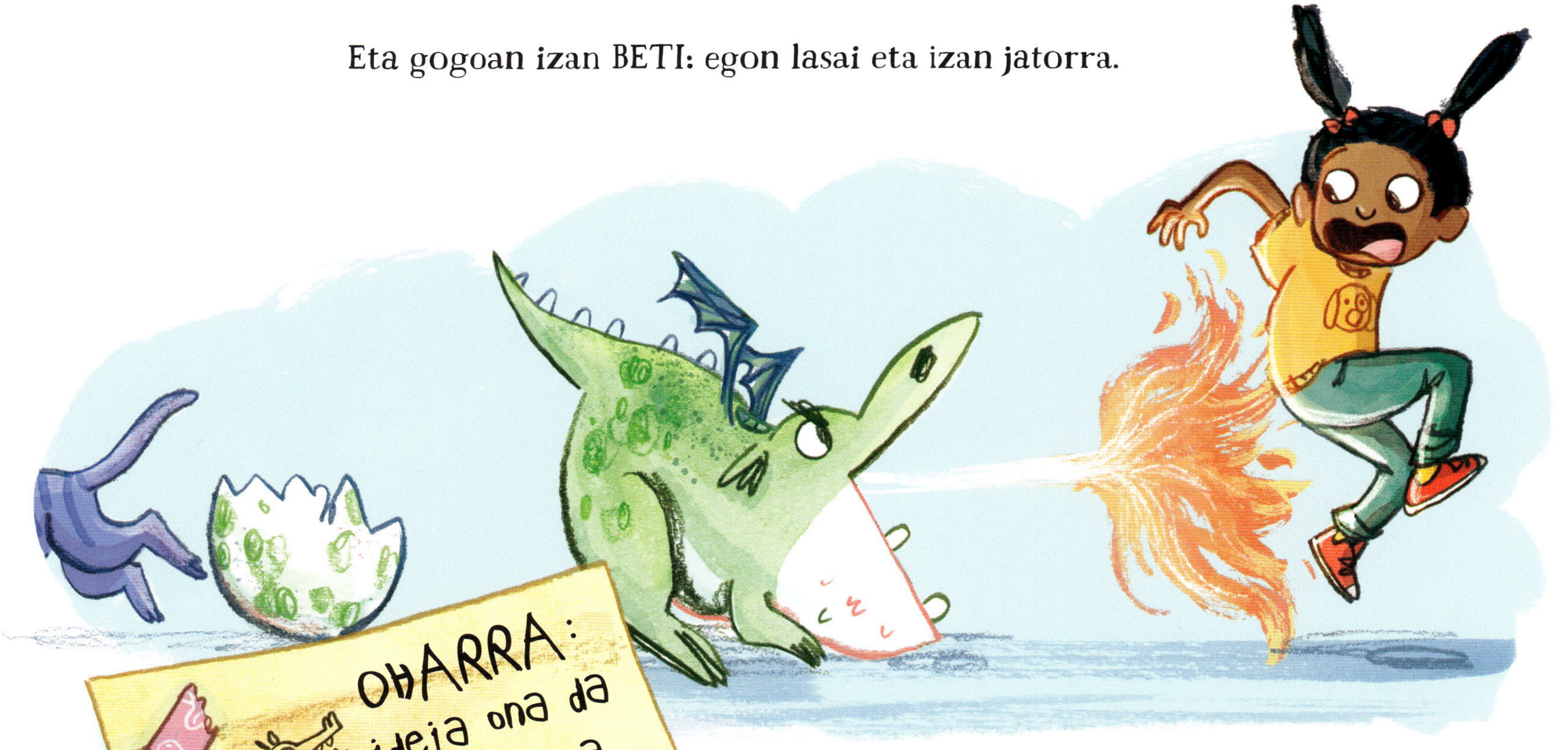

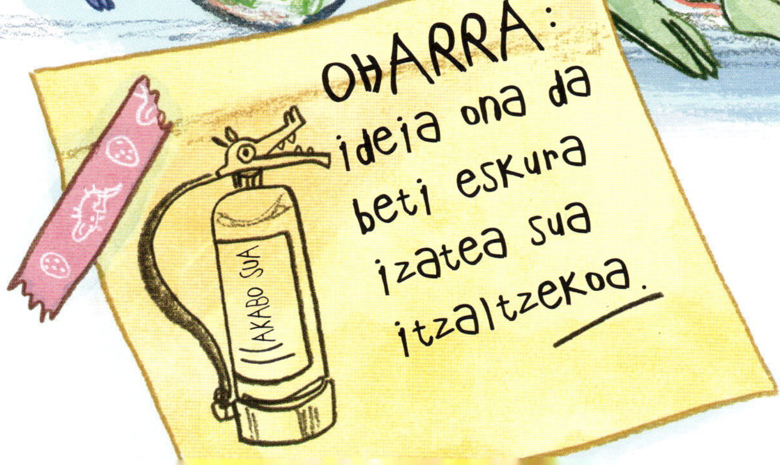
OHARRA:
ideia ona da
beti eskura
izatea sua
itzaltzekoa.
AKABO SUA

EZ ezazu zure dragoia haserrearazi.

JANARIA

Dragoiek ehiza maite dute. Beraz, saia zaitez otordu
dibertigarriak egiten: ezkutatu ezazu janaria ezohiko lekuetan.

Haragia da gehien gustatzen zaiena.

Harakinari aldiro egin beharko diozu eskaera.

Hartara, ez dugu **ezbeharrik** izango.

NOLA ZUZENDU OHITURA TXARRAK

Dragoiek ohitura batzuk dituzte, batzuetan txarrak. Honako hauek dira problema gehien ematen dutenak:

Gauza distiratsuak biltzea... eta sua botatzea.

Gauza distiratsurik ez badu = Dragoia haserretzen da = Sua botatzen du

Beraz, oso erraza da: EZ ezazu haserrearazi zure dragoia. Ezkutatu itzazu zure gauza distiratsu guztiak, eta sari modura eman baten bat.

Dragoiek **maite** dute altxorrak pilatzea.

Utz iezaiozu leku bat bere gordelekua egin dezan.

Pozik eta lasai egongo dira.

NOLA BAINATU ZURE DRAGOIA

Dragoiei ez zaie batere gustatzen ura. Edozer egiten duzula ere...

EZ zaitez saiatu hura bainatzen.

Berriz diot: EZ zaitez saiatu hura bainatzen saiatu.

JOLASGARAIA

Zure dragoiarekin harremana
sendotzen duzunean,
jolasteko garaia da.

Ezkutaketan ibiltzea da
gehien maite dutena.
(Ezkutatzen trebeak dira)

Dragoiek oso galtze txarra dute.
Beraz, oso ausarta ez bazara,
utz iezaiezu irabazten!

OHARRA: Ez zaitez SEKULA dragoi batengana isilka gerturatu, jolasean ari Ez bazarete (ikus ohitura txarrak zuzentzeari buruzko atala!

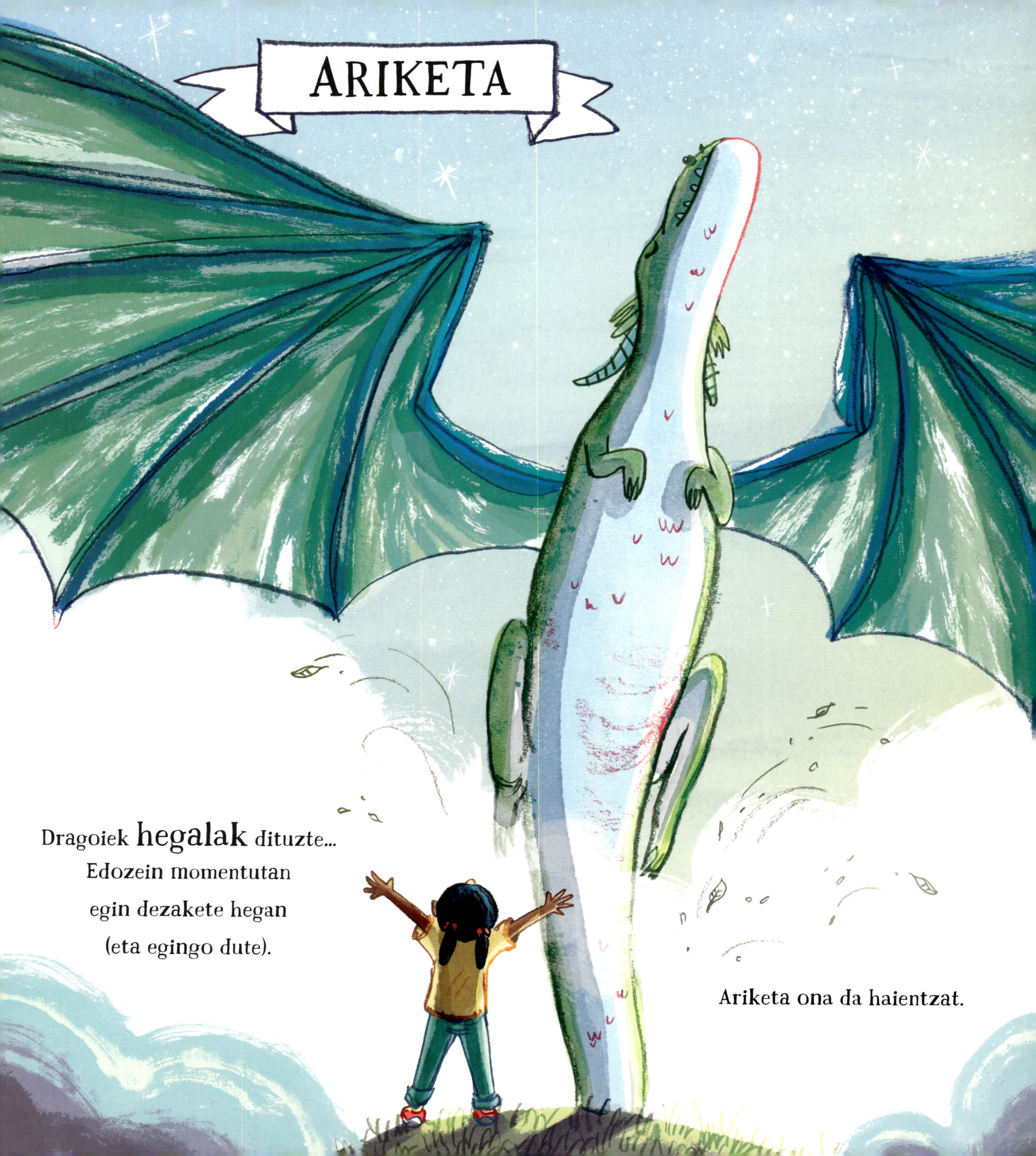

ARIKETA

Dragoiek **hegalak** dituzte...
Edozein momentutan
egin dezakete hegan
(eta egingo dute).

Ariketa ona da haientzat.

Batzuk ez dira urrutira joango, eta, dei egiten badiezu,
itzuliko dira. Beste batzuk urrunera joaten dira.

Triste eta bakarrik senti zaitezke dragoiak
alde egiten duenean... baina ez kezkatu.

Kartelak jarriko dituzu agian...

...edo Etxeko Animalia Arriskutsu Galduen Bulegora joango zara.

Baina horiek eginda ere,
aukera bakarra duzu:
itxaron...

eta gehiago
itxaron.

Eta pauso garrantzitsu hauek ONGI
bete badituzu, egunen batean...

...zure laguna bueltan etorriko dela ikusiko duzu.

Zure falta HANDIA somatuko duelako.

1. irudia
Sarea (dragoi txikiak harrapatzeko)

2. irudia
Mokadu tentagarria

3. irudia
Urrutitik bilatzeko

8. irudia
Soka bat

9. irudia
Opari bat

7. irudia
Itzalgailua
(Badakizu, sua...)

AKABO SUA

12. irudia
Liburua

DRAGOIEN
GIDALIBURUA

15. irudia
Zerbait distiratsua

16. irudia
SALTXITXAK